AF329373

COMITÉ RÉGIONAL DES NOTAIRES
DU RESSORT DE LA COUR DE COLMAR

HONORAIRES

DUS AUX NOTAIRES DU RESSORT
DE LA COUR DE COLMAR

EN DEHORS DE CEUX COMPRIS
DANS LE TARIF LÉGAL

1930

IMRPIMERIE HEITZ & CIE
STRASBOURG

I. — Textes.

1) LOI DU 20 JUIN 1896, ayant pour objet d'autoriser le gouvernement à fixer, par un ou plusieurs règlements d'administration publique, les honoraires, vacations, frais de rôles et autres droits qui peuvent être dûs aux notaires à l'occasion des actes de leur ministère.

Article 2. — Pour les actes qui n'auraient pas été compris dans le Tarif, les frais seront, à défaut de règlement amiable entre les notaires et les parties, taxés par le Président du Tribunal de la résidence du notaire.

2) TRAITE GENERAL THEORIQUE ET PRATIQUE
DES HONORAIRES DES NOTAIRES

par *M. Amiaud* et *M. Voland* - 2e édition 1906, page 74, No 2 à 3.
 « Par le mot ACTES, le législateur n'a pas entendu seule-
 « ment l'écrit auquel les parties ont voulu donner le carac-
 « tère d'authenticité, mais, dans le sens le plus large, les
 « projets d'actes, les actes restés imparfaits et aussi tou-
 « tes les formalités qui sont la conséquence légale des
 « fonctions de notaire ou la suite naturelle de leurs actes.

 « C'est ainsi que l'a compris la Commission extraparle-
 « mentaire du Tarif légal et, après elle, le Conseil d'Etat.

 « Il en résulte que le Président a qualité pour taxer, non
 « seulement tout acte, instrumentum, non prévu au Tarif,
 « mais encore les actes simplement préparés ou restés en
 « projet ainsi que toutes les formalités analogues à l'une
 « de celles qui ont été tarifées et qui auraient été omises
 « par le législateur.

 « Tous les décrets du 25 août 1898 forment le complé-
 « ment de la loi du 20 juin 1896. Un Président de Tri-
 « bunal peut donc légitimement s'appuyer sur un décret
 « étranger à son ressort pour y trouver des analogies
 « l'autorisant à taxer et même des indications de taux.

3) CIRCULAIRE DU MINISTRE DE LA JUSTICE du 3 mai 1900

« Si l'on ne peut laisser aux Compagnies de notaires le
« droit de formuler un Tarif obligatoire pour rémunérer,
« *soit les actes omis dans les décrets,* soit les mandats et
« gestions prévus par l'article 3 des dispositions générales,
« il convient de reconnaître que la surveillance et l'inter-
« vention des Chambres doivent, en cette matière, s'exercer
« activement, en vertu du contrôle qui leur est expressé-
« ment conféré.

« Tout en s'abstenant d'établir un Tarif impératif et de
« fixer les cas où des honoraires spéciaux devraient être
« réclamés, les Chambres ont la faculté de donner leur ap-
« préciation sur les conditions dans lesquelles il peut être
« formé une demande d'honoraires, de rappeler les usages
« suivis dans l'arrondissement en vertu d'une longue tra-
« dition, et de tracer ainsi aux notaires, d'une manière
« générale, une règle de conduite.

II. — Délibérations

du Comité Régional des Notaires du Ressort de la Cour de Colmar et des **Chambres des Notaires** de ce ressort.

En vue de proposer aux six Chambres de notaires du Ressort de Colmar des émoluments susceptibles de servir de base uniforme de perception,

le « Comité Régional des Notaires du Ressort de la Cour de Colmar », en sa séance du 27 avril 1930, a pris, à l'unanimité, la résolution suivante :

RESOLUTION

« Outre les honoraires qui peuvent être dus aux notaires
« pour les actes de leur ministère spécialement prévus par
« le décret du 14 août 1929 et les dispositions législatives
« antérieures y liées,

« le législateur, tenant compte de ce fait qu'il est ma-
« tériellement impossible de donner une énumération com-
« plète des actes notariés, mais soucieux de réglementer
« les cas imprévus ou impossibles à prévoir, dans lesquels
« le ministère du notaire pourrait être nécessaire ou dési-
« rable,

« a, par l'article 2 de la loi du 20 juin 1896, accordé
« aux parties et au notaire intéressés la possibilité de
« trouver amiablement un accord sur la rémunération de
« pareils actes, sauf taxation par le président du Tribu-
« nal Civil de la résidence du notaire en cas de défaut de
« règlement amiable.

« Pour le ressort de la Cour de Colmar, cette disposi-
« tion légale trouve une application particulièrement fré-
« quente et délicate pour cette raison que la législation
« d'ordre local prévoit des interventions du notaire qui
« sont inconnues dans la pratique notariale des autres
« ressorts, et que, dans l'état actuel de la législation no-

« tariale spéciale à ce ressort, les Chambres de notaires
« ne possèdent aucun moyen de contrôle légal sur les
« émoluments qui pourraient être réclamés par les notai-
« res dans les cas tels qu'ils sont prévus pour les autres
« cours par l'article 3 du décret du 25 août 1898.

« Pour des raisons inhérentes au caractère transi-
« toire des dispositions légales qui régissaient jusqu'à pré-
« sent pour le ressort de Colmar cette matière des hono-
« raires de notaires, cet article 3 n'a pas encore été intro-
« duit dans ce ressort, bien que toutes les conditions de
« son application s'y trouvent entièrement réunies.

« En présence de ces faits et en possession du Tarif
« légal propre à la Cour de Colmar, créé par le dit décret
« du 14 août 1929, le Comité Régional des notaires de
« ce ressort a jugé indiqué, en se rapportant aux us et
« coutumes professionnels de la région tout en s'ins-
« pirant des données de l'heure actuelle ;

« de grouper les cas où l'application de l'article 2 de
« la loi du 20 juin 1896 semble être donnée et de réunir
« ensuite dans un ensemble coordonné ses appréciations
« au sujet des émoluments pouvant revenir à un notaire
« du ressort à raison de missions et de travaux dont il
« pourrait être chargés en dehors des actes proprement
« dit de son ministère,

« étant établi et décidé qu'en ce qui concerne les émo-
« luments visés par la présente résolution, les Chambres
« de discipline estiment de leur devoir d'exercer à leur
« endroit un droit de contrôle identique à celui que la loi
« du 25 août 1896 impose aux Chambres des autres Cours.

Les termes de la résolution ci-dessus et de son annexe ont
été approuvés par les Chambres des Notaires du Ressort, savoir:

par la Chambre de Metz, le 2 août 1930.
par la Chambre de Sarreguemines, le 3 mai 1930;
par la Chambre de Saverne, le 3 mai 1930;
par la Chambre de Strasbourg, le 16 mai 1930;
par la Chambre de Colmar, le 14 juin 1930;
par la Chambre de Mulhouse, le 23 mai 1930.

ANNEXE

A LA RESOLUTION DU COMITE REGIONAL
du 27 avril 1930
(approuvée par les délibérations ci-dessus énoncées
des Chambres de Notaires du ressort de Colmar)

A.

Actes, Projets d'actes et Formalités.

1) ACTE préparé, imparfait, projet d'actes	moitié de l'honoraire de l'acte parfait.
2) ACTE sous seing privé (sauf pouvoir)	moitié de l'honnoraire de l'acte sous forme authentique. Si l'acte est ultérieurement converti en acte authentique par le même notaire ou reçu par lui comme notaire en second ou s'il est déposé en son étude avec reconnaissance de signatures, il n'est perçu que le surplus du tarif légal, sauf rétribution par vacations pour le notaire rédacteur de l'acte s. s. p.
3) AFFIRMATION A TITRE SACRAMENTEL:	
a) rédaction de l'acte	en brevet : 8 francs, en minute : 16 francs.
b) requête en délivrance du certificat d'héritier	honoraires selon l'art. 12 de la loi locale du 4 décembre 1899 (Tarif des Avocats : Loi locale du 6 décembre 1899 (art. 127) sur les frais de justice et Décret du 7 août 1926).
4) ADOPTION	50 à 500 fr., selon situation de fortune de l'adoptant.
5) CLAUSE EXECUTOIRE (délivrance)	16 fr., plus, le cas échéant, rôles de copie.

6) CONSTITUTION DE BIENS INSAISISSABLES — comme en matière de fondation (article 6 de la loi locale du 4 décembre 1899).

7) CONTRAT CONDITIONNEL DE PRET PAR LE CREDIT FONCIER — rôles de minute,

8) DECLARATION DE SUCCESSION :

a) état des dettes — rôles de minute,

b) attestation de créancier — rôles de minute,

c) copie collationnée de titres de créance — 10 fr. en sus des droits de rôles de minute; si cette copie nécessite un réel dépouillement de livres de commerce, il y aurait lieu à honoraires par vacations mais sans honoraire fixe; si le notaire doit se transporter à domicile pour la rédaction de ces pièces, il aura droit aux frais de voyage prévu par l'article 22 du Tarif légal.

d) copie de déclaration de succession (loi du 29 avril 1926, art. 12) — rôles de minute,

9) DECOMPTE D'INTERETS (radiation de privilèges, hypothèques ou nantissements) — pour un capital:
de 5000 fr. et inférieur 10 fr.
de 5001 à 20.000 fr. .. 15 »
de 20.001 à 100.000 fr. 25 »
au-dessus de 100.000 : 50 »

10) FONDS DE COMMERCE (formalités en cas de cession ou nantissement) — honoraires comme en matière d'immeubles (voir notamment les articles suivants du Tarif légal) :
Affectation hypothécaire,
Affiches et insertions,
Bordereaux d'inscriptions,
Bordereaux en renouvellements,
Formalités hypothécaires,
Gages et nantissements,
Mainlevées d'inscriptions.

11) HYPOTHEQUE LEGALE (requête d'inscription) (art. 54, loi du 1er juin 1924)	art. 127 du Tarif des Avocats
12) INTERPELLATION DE LA FEMME MARIEE (Art. 56, loi du 1er juin 1924)	rôles de minute
13) LIVRE FONCIER (décret du 18. 11. 1924)	
a) consentement à radiation d'une inscription (art. 38)	s'il y a indication de sommes ou de valeur : Tarif légal de mainlevées hypothécaires réduisant la créance. S'il n'y a pas de pareilles indications: 16 fr., y compris honoraire de requête.
b) déclaration de retrait de requête (art. 16)	16 francs.
c) Requête en inscription :	
en exécution immédiate d'un acte	s'il y a indication de sommes ou valeurs: Article 27 (No 91) du Tarif légal. au cas contraire : rôles de minute.
en dehors d'un acte notarié	honoraires selon article 127 du Tarif des avocats (loi du 6\ 12. 1899)
14) OUVERTURE DE COFFRE-FORT:	
démarches préalables	à la vacation
procès-verbal d'ouverture	à la vacation
15) OUVERTURE DE TESTAMENT:	
Convocations Procès-verbal	Rôles de minute à la vacation

16) POURVOIS en toutes ma-
tières

si le pourvoi a lieu à la demande expresse des parties,	honoraires selon art. 127 du Tarif des Avocats (loi du 6. 12. 1899),
si le pourvoi est engagé pour faire prévaloir l'avis du notaire	pas d'honoraires, sauf restitution au notaire de ses débours réels.

17) POUVOIR sous seing
privé

	honoraires de la procuration en brevet.

18) PROCEDURE D'EXECU-
TION FORCEE (loi du
1. 6. 1924)

Article 141 :

demande introductive	art. 127 du Tarif des avocats sus-visé

Article 147 :

Convocation	rôles de minute
Procès-verbal de débats	à la vacation
Mise à jour du livre foncier	rôles de minute
Cahier des charges	rôles de minute

Article 150 :

Affiches et publications	art. 27, N° 16, du Tarif légal

Article 195 :

Distribution amiable	honoraire de partage

Article 196 :

Procès-verbal	rôles de minute
Sommation	rôles de minute

Article 197 :

Procès-verbal	rôles de minute

Article 200 :

Etat de collocation	1/2 des honoraires de partage (Décret du 28 novembre 1899, art. 27 (111a)

Clôture de collocation	1/2 des honoraires de partage (Décret du 28 novembre 1899, art. 27 (111a)
Article 201 :	
Fixation du jour	rôles de minute
Sommation et avis	rôles de minute
19) PROCEDURE DE PARTAGE ET VENTE JUDICIAIRE (Loi du 1. 6. 1924)	
Article 221: Demande	art. 127 du tarif des avocats sus-visé
Article 224: Invitations	rôles de minute
Article 225: Convocations et communications	rôles de minute
Procès-verbal	vacations
Article 227: Rapport d'expertise	rôles de minute
avis	rôles de minute
Article 231: Convocations	rôles de minute
Tirage au sort	vacations
Article 233: Acte de partage	honoraires de partage selon tarif légal
transmission de la minute	vacations
Informations	rôles de minute
Article 234: Fixation du jour	rôles de minute
Article 245: Projet des conditions	rôles de minute
Convocations	rôles de minute
Procès-verbal	vacations
Article 247: Affiches et insertions	art. 27, N° 16 du tarif légal
Article 248: Envoi d'affiches	rôles de minute
Article 258: Acte spécial	rôles de minute

20) PROMESSE DE BAIL

0,20 p. 100 sur les loyers cumulés avec imputation sur l'honoraire du bail s'il se réalise dans la même étude.

21) REPRÉSENTATION DES PARTIES en matière de juridiction gracieuse, telle que:
requête en partage,
requête en homologation,
requête en réunion de conseil de famille,
représentation à conseil de famille par mandataire,
renonciation à succession par mandataire,
renonciation à communauté par mandataire,
acceptation bénéficiaire par mandataire

honoraires selon les art. 127-132 du Tarif des Avocats (loi locale du 6. 12. 1899).

22) SOCIETE (transformation ou fusion) sans droits proportionnels d'enregistrement.

honoraires comme en matière de constitution de société.

23) SIGNATURES

a) *Certification :*
en cas de retrait de fonds ou de valeurs de bourse déposées dans des établissements de crédits, ou en cas de transferts de valeurs de bourse,

0,25 p. 100 avec un minimum de 3 fr.

en cas d'affidavit d'income-tax ou de déclaration de propriété de valeurs étrangères;

1 fr. par pièce avec un minimum de 3 fr.

b) *Légalisation* (art. 39 du décret du 18. 11. 1924 sur la tenue du livre foncier)

5 fr. par signature.

24) VENTE acte en mains

l'honoraire de vente est dû sur le prix exprimé dans l'acte de vente sans déduction des frais.

B.

Missions et Travaux
autres que la rédaction d'actes

1) DECLARATION DE SUCCESSION:

outre les honoraires de rédaction fixés par l'art. 27 (65°) du Tarif légal, il y a lieu à la perception d'honoraires de classement et de dépouillement et à des honoraires de recherche de renseignements qui, dans leur total, sont fixés comme suit :

a) s'il y a liquidation faite ou en cours   0,30 %

b) dans le cas contraire :

de 1 à 100.000 :   0,50 %
de 100.001 à
     500.000 :   0,40 %
au-dessus de
     500.000 :   0,30 %

2) EMPLOI et remploi de fonds

0,25 %
minimum: une vacation

3) EXECUTEUR TESTAMENTAIRE

voir « Séquestre » ci-après

4) GARDE de documents et objets précieux

5—50 fr. par année de garde

5) MODELE de procuration ou de décharge

honoraires de l'acte en brevet

6) NEGOCIATION

Lorsque les contrats ci-après seront conclus en suite d'affiches ou d'annonces indicatives du nom du notaire ou avec le concours ou par l'intermédiaire du notaire, ou que l'accord sur ces contrats n'est devenu parfait que grâce à l'entremise du notaire, les honoraires de négociation dûs en sus des honoraires de rédaction seront fixés comme suit :

6) NEGOCIATION (suite)

a) constitution de rente viagère 1,50%

b) obligation 1,50%

c) sur le contrat conditionnel d'un prêt par le Crédit Foncier ou autres sociétés de crédit immobilier 1,50%

d) ouverture de crédit 1,50%

e) quittance subrogative 1,50%

f) cession ou transports de créance 1,50%

g) prorogation de délai 1,25%

h) vente mobilière .. 1,25%

i) vente immobilière, licitation, échange 1,25%

j) dation en paiement 1,25%

k) bail 0,50%

Ces honoraires de négociation seront supportés exclusivement par les parties débitrices des frais d'actes.

7) SEQUESTRE

Lorsque les notaires auront été nommés séquestres judiciaires, administrateurs provisoires, administrateurs ad hoc ou conseils judiciaires ou lorsqu'ils auront été choisis comme dépositaires ou séquestres amiables de biens litigieux ou encore désignés comme exécuteurs testamentaires, leurs émoluments seront fixés ainsi qu'il suit:

1) *droits de recette :*

a) *sans* administration de biens: voir art. 27 (126°) du Tarif légal;

b) *avec* administration de biens: même honoraire que ci-dessus et en plus honoraire selon art. 27 (N° 93) du Tarif légal.

7) SEQUESTRE (suite)

2) *droits de garde :*

sur les deniers comptants de toute nature et de toute origine et sur les valeurs de bourse, si la garde est de trois années et au-dessous... 1 %
si la garde de ces fonds ou valeurs excède 3 années, les notaires auron droit à un émolument supplémentaire dont le montant sera déterminé amiablement avec les parties sous le contrôle de la Chambre

**8) TESTAMENT OLO-
GRAPHE**

En cas de retrait d'un testament olographe par le testateur, en cas de caducité par prédécès des légataires institués et en cas de révocation par testament déposé en une autre étude : honoraires de garde de 5—50 fr. par année de garde suivant l'importance des intérêts en cause.

Ces honoraires ne sont pas imputables sur les honoraires dûs au notaire dépositaire du testament valable.

**9) TRANSFERT DE
VALEURS**

0,15 %

Renouvellement de titres

minimum 10 francs par dossier de compagnie.

10) VACATIONS

Tous autres travaux non spécifiés ci-dessus sont rémunérés à la vacation.

Recouvrement des Frais.

I.

LOI LOCALE DU 4 DECEMBRE 1899 SUR LES HONORAIRES DES NOTAIRES

modifiée par la loi du 13 février 1905, et maintenue par la loi du 26 mars 1925.

Art. 2.

La taxe des honoraires et debours dus aux notaires a lieu sur requête du notaire ou du debiteur.

Elle peut être demandée aussi par le Parquet.

Art. 3.

La taxe (art. 2) est faite sans frais par ordonnance du Président du Tribunal de première instance dans le ressort duquel le notaire a sa résidence ou l'avait au moment de la réception de l'acte.

L'ordonnance est à signifier d'office au débiteur ainsi qu'au notaire et à communiquer au Parquet par la présentation de la minute.

Elle est susceptible d'opposition dans les deux semaines de la signification ou de la communication au moyen d'un pourvoi immédiat à la Cour d'Appel, laquelle statue, le ministère public entendu.

Le débiteur, le notaire et le ministère public peuvent former ce pourvoi même si la demande en taxe n'émane pas d'eux. Il est introduit soit par une déclaration devant le greffier, soit par écrit sans l'assistance d'un avocat.

Le pourvoi au second degré est exclu.

Les frais d'un arrêt de la Cour sur pourvoi du ministère public sont dans tous les cas à la charge du Trésor.

Art. 4.

L'ordonnance de taxe passée en force de chose jugée statue définitivement sur le montant des honoraires et des debours.

Elle est déclaré exécutoire par le président du Tribunal à la demande du notaire.

L'ordonnance déclarée exécutoire donne ouverture à l'exécution forcée.

Les objections que le débiteur pourrait soulever concernant son obligation de payer sont à faire valoir par une action en justice.

II.

LOI DU 24 DECEMBRE 1897 SUR LE RECOUVREMENT DES FRAIS DUS AUX NOTAIRES

Article premier

Le droit des notaires au payement des sommes à eux dues pour les actes de leur ministère se prescrit par cinq ans à partir de la date des actes. Pour les actes dont l'effet est subordonné au décès, tels que les testaments et les donations entre époux pendant le mariage, les cinq ans ne courront que du jour du décès de l'auteur de la disposition.

Il n'est pas innové, en ce qui concerne les huissiers et les avoués, aux dispositions édictées par les articles 2272 et 2273 du Code civil.

La prescription a lieu quoiqu'il y ait eu continuation d'actes de leur ministère de la part des notaires, avoués et huissiers. Elle ne cesse de courir que lorsqu'il y a eu compte arrêté, reconnaissance, obligation ou signification de taxe, en conformité de l'article 4 ci-après.

Les articles 2275 et 2278 du Code civil sont applicables à ces prescriptions.

Art. 2.

Les demandes en taxe et les actions en restitution de frais dus aux notaires, avoués et huissiers, pour les actes de leur ministère, se prescrivent par deux ans du jour du payement ou du règlement par compte arrêté, reconnaissance ou obligation.

Art. 3.

Les notaires, avoués, huissiers, ne pourront poursuivre le payement des frais s'appliquant aux actes de leur ministère qu'après avoir obtenu la taxe et suivant les formes établies à l'article suivant.